Die Geschichte der Maria von Magdala den Kindern erzählt

von Maria-Regina Bottermann-Broj

mit Bildern von Gertrud Schrör

Verlag Butzon & Bercker Kevelaer

Eine Frau sitzt am Weg.
Sie ist ganz in sich versunken.
Ihr Rücken ist krumm.
Die Arme hat sie
um sich geschlungen.
Wie ein Igel sich ganz
in sich zusammenzieht,
wenn jemand ihn berühren will,
so sitzt sie da.
Sie will niemanden
an sich heranlassen.
Die Frau trägt ein dunkles Kleid
und auf dem Kopf ein dunkles Tuch.
So dunkel wie das Kleid ist,
so dunkel sieht es auch
in ihrem Inneren aus.
Dabei weiß sie selbst nicht,
was mit ihr ist.
Ihr Kopf ist ganz leer.
Sie kann nichts Schönes mehr denken.

Und ihr Herz?
Das Herz tut ihr weh,
sehr weh sogar.
Es ist voll von traurigen Gefühlen.
Nichts ist da,
was ihr noch Freude macht.
Warum das so ist,
weiß sie selbst nicht.
Alles, was sie noch spürt,
ist diese große Traurigkeit in sich.
Während sie so dasitzt,
hört sie die Stimmen von Menschen:
„Jesus, wir glauben an dich.
Jesus, du bist gut.
Du hast eine so frohe Botschaft
für uns,
wie kein Mensch sonst sie hat.
Bleib bei uns!
Erzähl uns noch mehr von Gott,
von deinem Vater.
Laß uns nicht allein!"
Zwar hört die Frau diese Worte,
aber sie können
ihr Herz nicht erreichen.
Alles in ihr bleibt dunkel.

Plötzlich sieht sie zwei Schatten
vor sich auf dem Boden.
Zwei Frauen stehen vor ihr.
Sie kommen aus dem Dorf Magdala.
Dort wohnt sie selbst auch.
Die zwei sprechen sie an:
„Maria, komm mit uns!
Sitz nicht mehr so traurig da.
Wir wollen dich zu Jesus bringen.
Er ist ein guter Mensch.
Er erzählt von Gott,
von seinem Vater,
daß der alle Menschen –
ohne Ausnahme – liebt.
Dieser Jesus heilt auch Kranke.
Wir haben es selbst gesehen.
Komm mit uns!
Vielleicht kann Jesus
auch dir helfen,
damit du frei wirst
von deiner Krankheit.
Begleite uns; wir helfen dir!"
„Mir helfen? Wer soll das können?!
Ich weiß doch selbst nicht,
was mit mir ist.
Wie soll dann dieser Jesus
mir helfen?"
so denkt Maria.
Dennoch hat sie nicht den Mut,
den beiden ihre Bitte abzuschlagen.
Selbst dazu ist sie zu kraftlos.
In so einem Dorf wie Magdala
kennt halt jede und jeder
die und den anderen.
So weiß auch jede und jeder
von ihrer Krankheit.
Außerdem meinen es die zwei Frauen
ja wirklich gut mit ihr.
Warum also soll sie ihnen
den Gefallen nicht tun,
auch wenn sie selbst
sich nichts davon verspricht?
„Ich gehe mit euch,
nicht weil ich von diesem Jesus
etwas erwarte,
das ganz bestimmt nicht.
Er wird mir nicht helfen können.
Bei vielen Ärzten bin ich gewesen.
Sie waren alle ratlos.
So wird es auch
bei diesem Jesus sein.
Aber weil ihr euch
so um mich kümmert und bemüht,
gehe ich mit euch.
Helft mir bitte auf die Beine!
Ich komme allein nicht mehr hoch.
Meine Kraft ist völlig am Ende."

Die zwei Frauen
müssen ganz schön
schubsen und drängeln,
damit sie mit Maria
an Jesus herankommen.
Zu viele stehen um ihn herum,
wollen mit ihm sprechen,
ihn anfassen und berühren.
Endlich haben sie es geschafft.
Sie stehen mit Maria,
die sich immer noch
auf die beiden stützen muß,
weil ihre Beine
sie nicht tragen wollen,
vor Jesus.

Jesus schaut Maria sehr lange an.
Dann fragt er sie:
„Was ist mit dir, Frau?"
Maria antwortet:
„Herr, ich weiß selbst nicht,
was mit mir ist.
Ich bin voller Traurigkeit.
Niemand kann mir helfen.
Ich glaube nicht an dich.
Sie haben mich mitgenommen zu dir.
Auch du wirst mir
nicht helfen können,
aber ich wollte
den Frauen aus meinem Dorf
ihre Bitte nicht abschlagen.
Deshalb bin ich da."
Jesus hört sich an,
was Maria ihm zu sagen hat.
Und was tut er?
Er streckt seine Hand aus,
schaut zum Himmel,
spricht leise,
so daß niemand es hören kann,
ein paar Worte.
Während er seine Hände
auf ihren Kopf legt,
sagt er:
„Maria,
sei frei von deiner Krankheit.
Schau mich an!
Im Namen Gottes: Du bist gesund."

Diese Berührung geht Maria
durch Mark und Bein.
Trotzdem hebt sie
nur sehr langsam ihren Kopf.
Vorsichtig schaut sie
in die Augen des Fremden.
Was sieht sie?
Sie schaut in Augen voll von Wärme,
voller Liebe,
Augen, die ihr sagen:
„Ich kenne dich
und deine Geschichte.
Weil ich dich kenne,
mag ich dich so,
wie du bist.
Ich will keinen anderen Menschen
aus dir machen.
So, wie du bist,
bist du einmalig,
unendlich kostbar und wichtig.
So, wie du bist,
wird es dich auf dieser Erde
nur einmal geben,
so und nicht anders.

Gott, mein Vater,
der Schöpfer allen Lebens,
hat dich so gewollt.
Es ist gut, daß es dich gibt."
In diesem Blick
ist alles ausgedrückt,
was wichtig ist.
Lange Zeit braucht Maria,
um das zu begreifen.
Dann sagt sie zu den Frauen:
„Laßt mich los!
Ihr braucht mich
nicht mehr zu halten.
Ich glaube,
jetzt kann ich selbst
aufrecht stehen
und aufrecht gehen.
Ich fühle es ganz tief in mir:
Jetzt bin ich wirklich geheilt.
Ich bin gesund!"

Schade, daß wir beide
– du und ich –
nicht dabeisein konnten,
um mitzuerleben,
welche Wandlung sich plötzlich
in Maria vollzieht.
Auf einmal steht sie aufrecht da,
kerzengerade.
Sie schaut Jesus an,
lange, sehr lange.
Dann sagt sie:
„Ich danke dir, Jesus.
Ich danke dir und deinem Gott.
Du hast mich gesund gemacht.
Ich möchte dich kennenlernen,
dich und deinen Gott.
Ich will ganz viel
von euch wissen.
Wie kann das geschehen?"

Jesus antwortet ihr:
„Wenn du das wirklich willst,
mich und meinen Vater kennenlernen,
dann verlaß dein Dorf Magdala;
geh weg von den Menschen,
die du kennst.
Folge mir nach!
Geh mit mir!
Komm, und sieh!"

Wenn Maria später gefragt wurde,
wie es ihr mit Jesus ergangen war,
dann erzählte sie:
„Nachdem Jesus zu mir sagte:
‚Folge mir nach! Komm, und sieh!',
lief ich in unser Dorf.
Ich packte
die wichtigsten Dinge zusammen.
Dann lief ich,
so schnell ich konnte,
zurück zu der Stelle,
an der ich ihm begegnet war,
voller Angst,
er könne vielleicht schon
weitergezogen sein.

Ich trat vor Jesus hin und sagte:
‚Da bin ich, Meister.
Ich bin wiedergekommen,
um mit dir zu gehen,
so wie du es gesagt hast.'

Es waren einige, die mit ihm zogen:
Männer und Frauen.
Da waren Johanna, Susanna
und andere.
Für uns alle tat sich an seiner Seite
ein völlig neues Leben auf.
Jeder und jede war ihm wichtig.
Jeder und jede fühlte sich
von Jesus ernstgenommen.
Wir erlebten mit ihm
und durch ihn eine Gemeinschaft,
die wir uns
in unseren kühnsten Träumen
nicht vorgestellt hätten.
Jesus machte keinen Unterschied
zwischen Mann und Frau,
zwischen seinen Jüngern
und Jüngerinnen.
Wir waren wie eine große Familie.
Wir waren seine Brüder
und Schwestern.
Wir waren dabei,
als er Kranke heilte,
als er Hungernde satt machte,
als er Tote zum Leben erweckte.

Natürlich sorgten wir Frauen
für das Essen und die Wäsche.
Aber nicht nur das:
Auch wir Frauen durften verkündigen.
Wir erzählten von Jesus,
von Gott, seinem Vater,
und vom Reich Gottes,
zu dem Jesus alle einladen wollte. –
Sicherlich könnt ihr euch vorstellen,
daß sehr oft viele Menschen
um Jesus herum waren.
Sie wollten ihn hören, ihn berühren.
Wegen der großen Menge
kamen nicht alle an ihn heran.
Dann fragten sie uns:
‚Was habt ihr alles mit ihm erlebt?
Wie ist das, wenn man
immer mit ihm zusammen ist?
Erzählt doch!
Wir wollen viel von ihm erfahren!'
Dann sprachen auch wir
von Gottes Liebe,
die jedem Menschen gilt.
So bemühten wir uns,
es Jesus gleich zu tun.
Wir waren fest davon überzeugt:
Das Friedensreich,
das die Propheten angesagt hatten,
hat angefangen, mit ihm und mit uns.
Und es würde nie mehr
ein Ende haben.

Dann kam der Abend jenes Tages:
Jesus hatte einige
von den Männern gebeten,
einen großen Raum zu besorgen.
‚Ich will mit euch ein Fest feiern',
so hatte er gesagt.
Natürlich freuten sie sich darauf
und waren sehr gespannt.
Dabei dachten sie nicht daran,
was es zu essen
und zu trinken geben würde.
Sie fragten sich,
was denn der Grund
für dieses Fest sei,
welcher Anlaß sich dahinter
verbergen würde.
Als sie eintraten,
sahen sie einen großen Tisch.
Für jeden war ein Platz vorbereitet.
Krüge mit Wein standen da
und ein großes Brot.
Als sie sich gesetzt hatten,
nahm Jesus das Brot,
sprach darüber den Lobpreis,
nahm es, teilte es
und gab jedem von ihnen ein Stück.

Ebenso tat er es mit dem Wein.
Dabei sprach er die Worte:
‚Das ist mein Leib.
Das ist mein Blut.
Das bin ich selbst.
Ich lasse euch nicht allein.'
Dann sagte er:
‚Sorgt dafür,
daß die Menschen dieses Mahl
immer wieder miteinander feiern.
Immer wieder sollen sie
von diesem Brot essen
und aus dem Kelch trinken,
bis ich wiederkomme.
Dann spüren sie,
daß ich bei ihnen bin
und sie nicht allein lasse.'
Sie aßen das Brot
und tranken den Wein.
Es ging ihnen gut dabei.
Seine Worte aber
verstanden sie nicht:
‚Was nur wollte er ihnen damit sagen?'

Am nächsten Tag wußten wir alle
ein Stück mehr:
Wir hatten immer nur das Gute,
das Schöne, das Jesus ausstrahlte,
gesehen.
Das war uns vor Augen.
Das andere –
die Soldaten der Römer
und die tödliche Gefahr um ihn –,
das sahen wir nicht.
Das sahen wir erst,
als hoch über Jerusalem
das Kreuz stand
und es seinen
schwarzen Schatten warf
auf uns und die ganze Stadt.
Sie hatten Jesus
zum Tod am Kreuz verurteilt.
Ich war dabei, als er starb.
Mit seiner Mutter Maria
stand ich unter dem Kreuz.
Nie hätte ich ihn allein gelassen
in dieser schlimmsten Stunde
seines Lebens.

Als Jesus tot war,
liefen wir alle auseinander.
Es war so,
als hätten wir uns nie gekannt.
Nichts war mehr da an Vertrauen
und Sorge füreinander.
Vielleicht lag es daran,
daß einer aus unserem Kreis
Jesus verraten hatte.
Sein Name war Judas.
Plötzlich hatten wir Angst
voreinander.
Unser Traum vom Reich der Liebe
und des Friedens
zerrann in nichts.
Und ich?
Vor mir stand auf einmal
auch wieder meine Traurigkeit
wie eine schwarze Wand,
schlimmer als jemals zuvor.
Was blieb mir denn noch?
Das Leben,
das mir an der Seite Jesu
so kostbar geworden war,
war auf einmal kaputt,
am Boden zerstört.
Nichts war übriggeblieben.

Zwei Tage nach Jesu Tod
machte ich mich schon früh am Morgen
auf den Weg zu seinem Grab.
Ich wollte es mit Blumen schmücken.
Außerdem wollte ich
wohlriechende Öle
in seine Grabkammer stellen.
Irgend etwas mußte ich doch tun.
Schon von weitem
hatte ich das Gefühl,
daß mit dem Grab
irgend etwas nicht stimmte.
Als ich näher kam,
sah ich, was geschehen war:
Der große Felsbrocken,
der das Grab verschlossen hatte,
war verschwunden.
Das Grab war offen!
Mich packte ein großer Zorn:
‚Wer hat das getan?
Warum wollen sie uns
nicht einmal den Toten lassen?!'

Ich faßte all meinen Mut zusammen
und schaute in das Grab hinein.
Da sah ich zwei Gestalten.
Sie trugen lange, weiße Gewänder.
Sie waren von einem wunderschönen,
strahlenden Licht umgeben.
Ich konnte nicht erkennen,
ob es Männer oder Frauen waren.
Das Licht war so stark,
daß ich sie gar nicht richtig
anschauen konnte.
Einer der beiden sprach mich an:
‚Frau, warum weinst du?'
fragte er mich.
Ich antwortete:
‚Ich bin hier,
um Jesus von Nazaret zu betrauern.
Ich wollte sein Grab schmücken.
Aber sein Grab ist leer.
Er ist nicht mehr da.
Nur ihr seid da.
Jetzt habe ich
noch nicht einmal mehr einen Ort,
an dem ich trauern kann.'

Nachdem ich das gesagt hatte,
drehte ich mich um,
um wegzugehen.
Nur ein paar Meter von mir entfernt
sah ich einen Mann.
Er beugte sich über ein Grab.
Es sah aus,
als wolle er das Grab pflegen.
Deshalb dachte ich,
es sei der Gärtner.
Ich ging zu ihm hin
und erzählte ihm,
was ich den beiden Gestalten
gesagt hatte.
Dann fragte ich ihn:
‚Arbeitest du hier schon lange?
Dann müßtest du doch gesehen haben,
wer den Stein vom Grab gewälzt hat
und wohin sie den Toten
gebracht haben!
Oder hast du selbst es getan?'
Da richtete sich der Mann auf.
Er schaute mich an,
öffnete seinen Mund
und sagte nur ein einziges Wort.
Er nannte meinen Namen:
‚Maria!'
Da fiel es mir
wie Schuppen von den Augen:
Er selbst war es!
Jesus war es!

So hatte nur ein Mensch
meinen Namen ausgesprochen,
damals bei meiner Heilung.
Es war seine Stimme;
es waren seine Augen.
Ich wollte ihn festhalten, umarmen.
Er aber wich zurück,
wehrte mich ab:
‚Nicht so, Maria,
halte mich nicht fest!
In deinem Herzen
kannst du mich festhalten,
und in deinem Herzen
kannst du mich forttragen.
Du siehst:
Ich bin nicht tot.
Ich lebe.
Der Tod hat keine Macht mehr
über mich.
Ich bin vom Tod erstanden.
So wird es von nun an für alle sein,
die an mich glauben
und an das nie endende Reich
der Liebe Gottes.
Jetzt aber halte mich nicht fest.
Ich bin auf dem Weg:
zu meinem und eurem Vater,
zu meinem und eurem Gott.
Du aber, Maria,
geh, und sage dies alles
den Brüdern und Schwestern!'

In diesem Augenblick wurde ich
zum zweiten Mal geheilt
von meiner Trauer und allem Leid.
So schnell ich konnte,
lief ich zurück nach Jerusalem.
Dort saßen sie immer noch zusammen,
die Jünger Jesu,
meine Freundinnen
und Freunde,
wie ich sie früh morgens
verlassen hatte:
versteinert in ihrer Trauer,
hinter verschlossenen Türen
und Fenstern.
Ich rief ihnen zu:
‚Warum seid ihr noch traurig?
Ihr habt keinen Grund mehr dazu.
Ich habe Jesus gesehen.
Er ist nicht tot!
Er lebt!'
Und ich erzählte ihnen,
was ich erlebt hatte.

Dann zogen wir weiter,
von Ort zu Ort,
wie Jesus es uns gelehrt hatte.
Wir haben versucht,
unseren Weg auf den Spuren Jesu
weiterzugehen.
Wir verkündeten,
was wir gesehen und gehört hatten.
Wir versuchten,
einander in seinem Namen
Brüder und Schwestern zu sein,
so wie wir es an seiner Seite waren.
Viele Menschen kamen zu uns.
Täglich wurden es mehr.
Sie gingen ein Stück Weg mit uns,
brachen mit uns das Brot,
hörten und glaubten.
Dann verließen sie uns,
um anderen von Jesus zu erzählen.

So wird unsere Gemeinschaft wachsen
bis an die Grenzen der Erde.
Ob Mann, Frau oder Kind:
alle Menschen,
die hören und glauben,
die von Jesus
und der Liebe Gottes erzählen,
die zu den Brüdern
und Schwestern gehen,
weil ihnen das Reich Gottes
ganz wichtig ist,
alle die dürfen sicher sein,
daß Jesus selbst sie begleitet.
Er selbst ist bei ihnen,
wenn sie verkünden,
was sie gehört und erfahren haben.
Immer ist er bei ihnen,
in ihren Herzen,
ihren Köpfen und Händen,
heute und morgen,
alle Tage ihres Lebens,
bis Gottes Liebe Platz nimmt
in dieser Welt,
für immer und ewig."

Weitere biblische Geschichten von Maria-Regina Bottermann-Broj:

Die Schöpfung den Kindern erzählt
Mit Bildern von Heide Mayr-Pletschen
ISBN 3-7666-9730-7

Die Geschichte von der Arche Noach den Kindern erzählt
Mit Bildern von Margarete Koplin
ISBN 3-7666-9879-6

Die Geschichte vom blinden Bartimäus den Kindern erzählt
Mit Bildern von Claus Danner
ISBN 3-7666-9918-0

Das Geschehen von Palmsonntag und Gründonnerstag den Kindern erklärt
Mit Bildern von Susanne Malessa
ISBN 3-7666-9928-8

Die Geschichte der Emmaus-Jünger den Kindern erzählt
Mit Bildern von Gertrud Schrör
ISBN 3-7666-9900-8

Die Deutsche Bibliothek – CIP-Einheitsaufnahme

Die Geschichte der Maria von Magdala den Kindern erzählt / von Maria-Regina Bottermann-Broj. Mit Bildern von Gertrud Schrör. – Kevelaer : Butzon und Bercker, 1995
ISBN 3-7666-9929-6

ISBN 3-7666-9929-6

© 1995 Verlag Butzon & Bercker D-47623 Kevelaer
Alle Rechte vorbehalten
Texterfassung: Elisabeth von der Heiden, Geldern
Lithos: IF Publication Service, Mönchengladbach
Druck und Bindearbeiten: Benatzky, Hannover